AF190251

pit vogt
STEGLITZ
schicksale

Idee, Design & Layout: P i T

Alle Texte sind frei erfunden

Impressum

Herstellung und Verlag:
BoD - Books on Demand GmbH, Norderstedt
ISBN: 9783748152309

In jener Stadt
Der tollen
Großen
Bin ich allein
Und doch wohl nicht
In Steglitz blühen weiß die Rosen
Selbst manchmal auch die
Herbstzeitlosen
Berlin
Ich spüre
Dein Gesicht

Berliner Bar

Sitz in einer Bar
Am Rand aller Welten
Trink noch einen Whisky
Fühl mich total leer
Ich warte auf dich
Du wolltest dich melden
Und all meine Worte, die irgendwie zählten
Sind jenseits, weit fort
Mir ists leicht und schwer

Der Barkeeper schaut mich recht nachdenklich an
Füllt das Glas wieder auf
Das andauernd leer
Die Uhr schlägt nicht mehr
Ich weiß nicht mehr wann
Der Barkeeper fragt
Was los ist sodann
Ich schließ meine Augen
Und bin total quer

Und noch einen Whisky auf bessere Zeiten
Der Barkeeper meint
Es sei nicht so schlimm
Ich will gar nichts sagen
Ich will auch nichts schreiben
Und noch einen Whisky auf saublöde Zeiten
Er legt sich behänd auf die Seele dahin

All die verloren-gefundenen Seelen
In dieser Bar
Am Rande der Welt
All diese Worte
Die wichtig
Die zählen
Sind nichtig und hohl
Wie all jene Seelen
Der Whisky wohl alle am Leben noch hält

Sitz in einer Bar
Am Rand meiner Träume
Trink den Rest Whisky
Fühl mich total leer
Ein Sturm peitscht da draußen die Äste der Bäume
Irgendwo tief sind noch immer die Träume
Von dir und von mir
So leicht
Und so schwer

Ohne Titel

Ich schaue müd auf das Display
Der Atem stockt
Ein wenig nur
Es ist so still
Es tut nicht weh
Da ist viel Buntes im Display
Ich weiß nicht recht, was ich noch will

So ziellos scheint mir meine Zeit
Sie scheint zu stehen
Rührt sich nicht
All meine Träume sind so weit
Ich fühl mich dumm
Und nicht gescheit
Zwar ist es hell
Doch fehlt mir Licht

Mein Leben rauscht an mir vorbei
Ist ganz weit fort
Es sieht mich nicht
So vieles scheint mir einerlei
Und manche Hoffnung bricht entzwei
Und keiner da
Der ´s Schweigen bricht

Was kommt da noch
Ich fühl mich alt
Ich renne hin – und wieder her
Mal durch die Stadt
Mal tief im Wald
Such ich nach mir und fühl mich alt
Ich will so viel
Und fühl mich leer

Die Zeit verrinnt an Nacht und Tag
Wann sieht mich Gott
Er ist nicht hier
Mein Display manche Botschaft hat
Doch nicht für mich
Das ist sehr hart
Ich lebe noch – ganz ohne Zier

Müd starre ich auf das Display
Mein Notebook spielt den Jazz
Den Soul
Da tut es wohl nicht ganz so weh
Die Einsamkeit friert kalt wie Schnee
Ich schreib was auf
Verrückt
Und hohl

Dunkles Land

Die da oben schwätzen weiter
Und sie plappern täglich Mist
Sind nicht schlau
Sind nicht gescheiter
Land und Leben: *nicht mehr heiter*
Weil dies Land am Abgrund ist

Drogenstädte sind die Regel
Wer nicht dealt, den stößt man raus
Wer nicht streicht ganz schnell die Segel
Wer nicht säuft bis übern Pegel
Mit dem ist es bald schon aus

Keiner traut sich mehr zu kämpfen
Keiner hat mehr wirklich Mut
Jeder will mit Geld nur glänzen
Niemand will den Dreck bekämpfen
Und es gärt
Das böse Blut

Rotlichtgrößen,
Kriminelle
Geben längst die Töne an
Willst du Sex mal auf die Schnelle
Kriegst du ihn an jeder Ecke
Geld regiert hier Frau und Mann

Lug und Trug und Schwindeleien
Prägen jenes dunkle Land
Wichtigtuer, die laut schreien
Die kassieren, gierig bleiben
Fördern all den Flächenbrand

Wahrheit wird flugs totgetreten
Wer nicht spurt,
Ist Populist
Und man brüllt:
„Liebt uns, nicht jeden"
Und ansonsten hilft nur beten
Weils sonst schnell zu Ende ist

Und es stinkt in allen Straßen
Weil nur noch das Geld regiert
Mancher Mob schmiert durch die Gassen
Und die Menschen pöbeln,
Hassen
Wer nicht keift,
Der schnell verliert

Das Niveau sinkt stet und weiter
Alle Klugheit ward zerstört
Und das Volk wird nicht gescheiter
Und im Land wirds nicht mehr heiter
Hier im Land läuft was
Verkehrt

Die ganz da oben schnappen über
Sie wollen Gott sein, fern vom Volk
Zu nah am Feuer
Jetzt
Und wieder
Durch Korruption stehn sie hoch drüber
Doch war ein Mensch noch niemals
Gott

Jagd bald den Klügel aus den Landen
Die schmieren nur
Sind schlecht zu euch
Lasst sie bald in der Hölle stranden
Die sind nur schwach
Sind voller Schanden
Fort mit dem Dreck
Fort mit der Seuch

Die Unfähigen

Man trifft sie beinah überall
Sie werden ziemlich hoch bezahlt
Sie fühln sich wie die erste Wahl
Doch sind fürs Volk sie nur ´ne Qual
Sie eiern rum, bis laut es knallt

Milliarden Steuergelder – weg
Doch manch´ Minister fühlt sich toll
Verzockt
Verprasst
Ganz ohne Zweck
Doch kommt im Lande nichts vom Fleck
Das Volk hat längst die Nase voll

Und wenn´s nicht passt
Wird gut geschmiert
Da kennt sich manch´ ein Bonze aus
Damit die Wahl man nicht verliert
Damit die Brust ein Orden ziert
Gibt man versteckt Millionen aus

Nur wer gut zahlt, bekommt sein Glück
Und manch´ Projekt verschlingt sehr viel
Doch vorwärts geht's dort nicht ein Stück
Das Geld versiegt
Mit gutem Trick
Projekte kommen schwer ans Ziel

Im Drogensumpf manch´ große Stadt
Man kennt ihn gut,
Den „Drogen-Bär"
Dort dealt man sich die Birne platt
Und jeder, der dies alles satt
Bekommt Probleme
Hat es schwer

„Ich wüsst nicht, was ich ändern sollt"
So hat gekeift
Ich weiß nicht wer
So gärt´s halt weiter
Unverzollt
Und man verprasst das Landes-Gold
Peinliche Dummheit
Hohl und quer

Recht schöngerechnet wird der Mist
Und schöngeredet aller Trug
Wo Korruption zu Hause ist
Bleibts auf den Straßen trüb und trist
Bleibts Schuldach morsch
Kocht hoch die Wut

Die Macht-Gier treibt ein Stabs-Weib um
Zeigt „Finger-Schwachsinn" – faul und flach
Jedoch im Regiment ist´s stumm
Sie zahlt Berater, die recht dumm
Sie ist gescheitert
Klein und schwach

Mit Arroganz, wohl beispiellos
Hörn -Die- dem Volke nicht mehr zu
Mit Überheblichkeit, die groß
Mit Händen, die schon lang im Schoß
Zerstört im Land man jede Ruh

Und wer die Wahrheit sagt im Land
Der ist ein böser Populist
Die Ehrlichkeit – schon längst verbannt
Dies Wunderland scheint abgebrannt
Weil man den das Land
Das Volk vergisst

Man trifft sie wirklich überall
Die Schwätzer mit und ohne Zwirn
Sie können nichts
Sind letzte Wahl
Sie sind fürs Volk nur eine Qual
Verzockt, verprasst
Ganz ohne Hirn

Nachsatz:

Mit zehn Milliarden Steuergeld
Schmiert man ganz flott das Parlament
So wird man Chefin jener Welt
Nur Korruption dort wirklich zählt
Auch wenn das Weib kaum jemand kennt

So nickt man brav
Das Geld schmiert gut
Manch´ Speichellecker steigt schnell auf
Und wer nicht -schmeckt-
Kriegt seinen Hut
Aalglatt erzeugt man
Böses Blut
Doch die da oben scheißen drauf

Manch´ Medien heizen kräftig ein
Wer bringt die Action reich an Blut
Auf Fake News fallen viele rein
Millionen für manch´ Lug
Manch´ Schein
Die machen Meinung
Treu und gut

Man fragt:
Warum nur sind -die- so
Warum verzockt man Volkes Geld
Macht Korruption tatsächlich froh
Ist aller Klüngel reif fürs Klo
Ist´s schon egal, ob man noch wählt

Die Antwort darauf bringt kein Licht
Die Gier nach Macht prägt Nacht und Tag
Verloren Glaube und Gesicht
Denn ohne Schmieren geht's wohl nicht
Es ist die Geisel
Die zu stark

Mein Leben

Irgendwo bin ich gelandet
Irgendwo am Rand der Zeit
Irgendwo bin ich gestrandet
Alles Leben scheint versandet
Und mein Traum träumt ach so weit

Irgendwie ging es daneben
Irgendwie ist alles aus
Irgendwie zerfiel mein Leben
Trotzdem kann ich viel noch geben
Und ich bin noch keine Maus

Irgendwann zieh ich von dannen
Irgendwann zieh ich davon
Irgendwann ganz unbefangen
Ist's vorbei
Hats angefangen
War zeitlebens Mutters Sohn

Irgendwo bin ich gelandet
Fern, sehr fern, wo nichts mehr ist
Irgendwie bin ich gestrandet
Irgendwann total versandet
Leben scheint ein Vogelschiss

Ein Stückchen Hoffnung

Es war am Rand der großen Stadt
Da lebte er mit sich allein
Dort, wo die Welt nichts Warmes hat
Hat er gelebt, allein, nicht satt
Er wollt es nicht
Es musste sein

So manchen Joint am Morgen schon
Den er gefunden irgendwo
Er triebs mit manchem Hurensohn
Für wenig Geld
Was macht das schon
Ein Stückchen Leben
Oder so

An einem Tag, der anders schien
Fand er den Mann
Der ihm gefiel
Er zog mit ihm mal her,
Mal hin
Es machte alles einen Sinn
Vielleicht war das sein neues Ziel

Der fremde Kerl hat ihn gemocht
Er fand ihn lustig sicherlich
Er hatte ihm mal was gekocht
Dort, wo der Specht ins Holze pocht
Da sagte er: "Ich liebe dich"

In seinen Armen träumte er
Von manchem Glück
Vom fernen Land
Mit diesem Mann ans blaue Meer
Ein Stückchen Leben, das nicht leer
Ein bisschen nur die fremde Hand

Doch irgendwann als Regen fiel
War jener Fremde plötzlich fort
Und wieder neu
Das alte Spiel
So arm und einsam, ohne Ziel
An einem kalten, stillen Ort

Ein Stückchen Hoffnung war da noch
Er dachte an den Fremden oft
Das hielt ihn fern
Von manchem Loch
Das schmolz dahin ganz sacht jedoch
Manch´ Träne aus den Augen tropft

Bald zog er weiter seinen Weg
Am Rand der Stadt mit seinem Joint
So Vieles schien vom Wind verweht
Sein Leben wohl total verdreht
Auf keiner Suche nach ´nem Freund

Ein Husten quälte plötzlich stark
Das Blut lief ihm aus Nas´ und Mund
Der Hölle nah an Nacht und Tag
Er hielt sich noch
Hat nicht geklagt
Sein Leib so krank
Die Seele wund

Halbtot und schwer
Fast wie ein Stein
Versank er unterm Blätterdach
Am Rand der Stadt
So sollt es sein
Nur er, sein Traum, der Mondenschein
Noch nie war er so hell und wach

Es war am Rand der kalten Stadt
Als er die Augen leise schloss
Dort wo der Wald noch Träume hat
Verschwand er still
Vom Leben matt
Ein Stückchen Hoffnung
Gar nicht groß

Letzte Reise

Es war so im Oktober
Der Regen wusch manch´ Zeit
Da hat sie sich erinnert
An jenen jungen Mann
Der einst dies Land befreit
Der Regen wusch die Zeit
Und er ging fort sodann

Sie war schon um die Achtzig
Sanft spürte sie etwas
Es waren viele Jahre
Sie hatte weiße Haare
Da war noch irgendwas
Gesichter tränennass
Der Wind blies leis, der klare

Da packte sie die Koffer
Sankt Petersburg ein Ziel
Von dort gings mit dem Bus
Weit fort zum Weltenschluss
Es war wohl gar nicht viel
Für sie kein leichtes Spiel
Im dichten Regenguss

Es gingen viele Jahre
Der Regen wäscht die Zeit
Da hat sie sich erinnert
An jenen jungen Mann
Ach, Russland ist so weit
So schnell vergeht die Zeit
Und sie ging fort sodann

Gedanke

Einst großer Traum
Einst die Vision
Für jeden Menschen dieser Welt
Doch längst dahin
Mit wenig Sinn
Ein Menschrecht heut nicht mehr zählt

Das Geld regiert
Des Menschen Geist
Und Armut kriecht durch diese Welt
Regime knechten
Fern von Rechten
Ein Menschenrecht heut nicht mehr zählt

Gespaltenes Volk
Kaum Lachen noch
Der Traum vom Glück im Nichts zerschellt
Manch´ Kriege auch
Manch´ Hungerbauch
Ein Menschenrecht heut nicht mehr zählt

Billionen
In den Sand gesetzt
Doch blieb den Dieben alles Geld
Und zwischen Scherben
Kinder sterben
Ein Menschenrecht heut nicht mehr zählt

Wer hört noch zu
Dem Friedenslied
Wer glaubt noch an die bessre Welt
Wann stirbt die Erde
Die Beschwerde
Ein Menschenrecht heut nicht mehr zählt

Ich schau mich um
Zum Horizont
Kein Gott, der zu uns Menschen hält
Im All so klein
Der Erdenschein
Wo manches Recht wohl ewig zählt

Ewige Suche

Jeder sucht auf seiner Straße
Irgendwo am Rand der Zeit
Jeder sieht nur seine Nase
Und die Freiheit scheint so weit

Überall mal reingeschnuppert
Alles einmal durchgekaut
Mancher Kuchen – ungezuckert
Manches Glück – ganz schnell geklaut

Doch die Wege sind nicht einsam
Viele kreuzen deinen Weg
Allerdings geht's schwer gemeinsam
Manche Spur vom Wind verweht

Alle suchen nach den Träumen
Alle suchen nach dem Glück
Keiner will da was versäumen
Jeder will vom Traum ein Stück

In den Städten, auf dem Lande
Überall liegt Einsamkeit
Selbst am Meer
Im Ufersande
Will man endlich Zweisamkeit

Bis am End fast nichts geblieben
Bis am Ende wir nicht froh
Bis das Buch dann leergeschrieben
Ja, das ist nun einmal so

Und die Suche geht stets weiter
Jeder sucht sich selbst, manch´ Trost
Manche Tage
Schlimm und heiter
Bis manch´ Wunsch vergilbt zu Rost

Doch wir suchen noch behände
Und die Suche hört nie auf
Alle Straßen im Gelände
Suchen wir im Dauerlauf

Wenn wir uns dereinst dann fragen:
Wonach suchst du wirklich, Mann
Können wir es nicht ertragen
Weil wir niemals kommen an

Ein einfaches Märchen

Paul ist -nur- ein Arbeitnehmer
Doch er macht die Arbeit gut
Paul aus Erfurt, kein Gewinner
Paul, ein Ossi, doch kein Spinner
In ihm brennt -noch- Arbeitswut

Doch er ist so um die „50"
Und er spürt, man will ihn nicht
Plötzlich fühlt er sich so winzig
Seine Zeit scheint nicht sehr günstig
Arg vibriert sein Lebenslicht

Und so kommt es wie er wusste
Ziemlich flott wirft man ihn raus
Schmerz spürt er in seiner Bruste
Er tat das, was jedem nutzte
Jetzt ist Schluss
Jetzt ist es aus

Seine Wut wächst unermesslich!
Ossi, 50 – wirklich tot?
Seine Seele, so verletzlich!
Seine Zukunft – unerträglich!
Und so sieht er nur noch rot!

Wie dem Paul ergeht es vielen
Alter, Ossi – das geht nicht
Zwischen Hoffnung, Wünschen, Spielen
Wächst der Drang nach neuen Zielen
Wächst der Hass auf manch´ Gesicht

Und man trifft sich auf der Straße
Einfach schreien, was nicht geht
In den Städten wächst die Rage
Fort, nur fort mit aller Phrase
Weil das Glück vom Wind verweht

Ja, es sind schon ziemlich viele
Die am End´ mit der Geduld
Wieder Hoffnung, Wünsche, Spiele
Wieder Jobs
Ganz neue Ziele
Wieder Leben – ohne Schuld

Und der Wind fegt über Wege
Paul ist tot – und lebt doch gut
Auch das Land scheint nicht mehr träge
Es bewegt sich – gerad und schräge
Schnell pulsiert manch´ frisches Blut

Mein Kreuz

Mein Kreuz bleibt mir am Ende nur
Es ist aus Gold
Und ist so klein
Es ist nicht Zeit, nicht Tag
Nicht Uhr
Es ist ein kleines Kreuze nur
Ich liebe es
So soll es sein

So viele Tränen
So viel Glück
Und Mama sagte:
Hüte es
Das kleine Kreuz
Mein kleines Glück
Vom Leben, ach
Ein winzig´ Stück
Mein Kreuz mich nie alleine lässt

Dies Kreuz bleibt mir so lang ich leb
Ich hab ´s von Mama
Lieb es sehr
Und wenn ich auch vom Wind verweht
Das Kreuz, es bleibt
Ist ewig, stet
Mit ihm ist´s mir ums Herz nicht schwer

Nackt

So steh ich hier
Vor dir
Mein Spiegel
Nackt
Und ich starr mich an
Wer ist der Mann
Da ist sonst nichts
Kein Reichtum
Und kein Ruhm
Nur ich allein, so wie ich bin
Nackt
Und es fällt kein Wort
Hab doch auch getan
Und oft geträumt
Und auch gelebt
Ach, so viel Leben
Und so viele Tränen
Auch so viel Hoffen
Und nun steh ich hier
Vor dir
Mein Spiegel
Und ich schließe meine Augen
Und ich sehe
Nichts
Und hab noch so viel vor
Mein Spiegel
Mein Gegenüber
Mein Du
Mein Ich
Und ich atme tief

Schwarze Welt

Schwarz erscheint mir diese Welt
Alles kurz vorm Untergang
Nichts, was sie zusammenhält
Ach, es zählt nur Macht und Geld
Alles wirkt so bleich und krank

Kriege drohen überall
Weil der Hass, die Wut zu stark
Warten auf den großen Knall
Warten auf den freien Fall
Warten auf den letzten Sarg

Wer noch lebt ist bald schon krank
Allerletzte Pandemie
Wo manch' Urtier einst versank
Liegt auch heut das Leben blank
Gibt es noch ein morgen früh

Doch die Menschen sind recht zäh
Geben sich so schnell nicht auf
Sterben nicht mit Ach und Weh
Liegen nicht im letzten Tee
Nehmen manchen Schlag in Kauf

Kämpfen sich aus allem Dreck
Bauen neu und sehr stabil
Wischen Nebelwände weg
Finden einen guten Zweck
Halten von der Welt noch viel

Dann verweht das Kriegsgeschrei
Und für Geld gibt's keinen Tod
Dann geht Hass und Wut vorbei
Alle Welt erschafft sich neu
Und der Mensch erwacht
Im Morgenrot

Der Blinde
(Erinnerung an Ammerum)

Er sah mich an und sah mich nicht
Er sah mir mitten ins Gesicht
Ich spürte seinen Blick, der stumm
In seiner Welt
Auf Ammerum

Ich dacht mir oft: *Ach, der ist blind*
Doch wusste er, wo wir gerad sind
Er kannte sich hier bestens aus
In diesem fremden – seinem Haus

„*Schließ deine Augen*", rief er laut
Ich tat's und nichts war mehr vertraut
Ich stolperte und fiel auch hin
Er lachte laut
Das machte Sinn

Tagtäglich dunkel, wenn es hell
Tagtäglich langsam
Nie mehr schnell
Er wusste, wie's mal früher war
Er war erst zweiundvierzig Jahr

Ich hielt ihn fest, wenn er schon fiel
Für mich wars leicht
Für ihn kein Spiel
Und einmal hielt er meine Hand
Ich hatte seine Angst erkannt

So zwischen Nacht
Und wieder Nacht
Hab ich ihn auch ins Bett gebracht
Er schloss die Augen, weinte leis
Und fluchte über all den Scheiß

Für mich wars dunkel, Nacht und Traum
Er träumte nicht
Und schlief wohl kaum
Am nächsten Morgen war er wach
Und freute sich auf jenen Tag

Oft stand im Regen er allein:
Die Tropfen fühlen, die wie Wein
Er legte sich in manchen Wind
Und sang und sprach, er sei ein Kind

Wenn draußen dann die Sonne stach
Schien er wie tot
Schien er halbwach
Dann schrie er in den Sommertag
Er läge schon im Totensarg

Ich fragte mich so dann und wann
Wer ist hier schwach
Wer stark sodann
Er war mehr Mensch als ich´s je war
Sein Sinn viel klarer noch
Als klar

Und plötzlich sah auch ich den Tag
Wie ich ihn nie gesehen hab
Wie Wolken flohen vor dem Mond
Wie Wind das Feld pflügt, das aus Mohn

Wir schwiegen oft von früh bis Nacht
Doch wussten wir,
Wer weint,
Wer lacht
Wenn man nichts sieht, dann fühlt man viel
Die Zwischenräume
Start und Ziel

So wie manch´ Farbe er erklärt
War mir einst fremd
Fast wie versperrt
Das Blau, das Rot – ich sah´s ganz neu
Er lachte nur
Und ich ward scheu

Wir sprachen über dies und das
Die Zeit verging
Sie machte Spaß
Und irgendwann, da war sie um
Ich musste fort von *Ammerum*

Er meinte noch, er käme klar
Er war zwar blind, nicht in Gefahr
Die Vögel sprachen dann zu ihm
Und brachten ihm den Lebenssinn

Er sah mich an
Und sah mich nicht
Er sah mir mitten ins Gesicht
Ich fühlte seinen wachen Blick
Ich denk sehr oft an ihn zurück

Annäherung

Man sagt, er brachte Menschen um
Ein Serienkiller, ziemlich fies
Man sagt, er sei sehr roh und dumm
Ich weiß – er brachte Kinder um
Sein ganzes Wesen – *total mies*

Ein Mann, so um die zwanzig Jahr
Nicht hässlich, dick, kein Supermann
Den Leuten ist wohl alles klar
Mir scheint so vieles sonderbar
Was dachte er so dann und wann

Zwei Jungen hat er umgebracht
Er hats gestanden
Sitzt jetzt ein
Er wird jetzt ziemlich schwer bewacht
Weil er sie eiskalt umgebracht
Im Knast will niemand "Mörder" sein

Ich melde mich beim Staatsanwalt
Denn ich will sprechen mal mit ihm
Er hat gemordet tief im Wald
An einem Tag, der bitterkalt
Sein Leben macht wohl kaum noch Sinn

Drei Tage später dann im Knast
Sitzt er mir gegenüber schon
Ich schau ihn an – er scheint so blass
Das Fenster wischt ein Regen nass
Er ist so jung
Wie manch´ ein Sohn

Sein Blick ist trüb
Er weicht mir aus
Will er nicht sprechen über „Das"
Da ist kein Teufel
Auch kein Graus
Doch ist er keine zahme Maus
Ich frage ihn: „Wieso, wie, was"

Durchs Fenstergitter flieht sein Blick
Kaum eine Regung spür ich, nichts
Vielleicht ist es auch nur ein Trick
Vielleicht ist ängstlich er ein Stück
In diesem Knast
Jenseits des Lichts

Zwei Wärter stehen vor der Tür
Die sind recht mächtig, stark und groß
Der Junge auf dem Stuhl vor mir
Scheint bleich und schwach
Kein wildes Tier
Die Hände zittern ihm im Schoß

Dann spricht er leis, so zaghaft, schwer
-Er hörte Stimmen laut in sich-
Ganz tief in ihm wards da so leer
Er sagt, er tut so was nie mehr
Doch tröstet das nicht ihn
Nicht mich

Ich denk, als er so mit mir spricht
An seine Opfer, die jetzt tot
Sie hatten Mütter sicherlich
Die leiden jetzt so fürchterlich
Er brachte so viel Leid
Und Not

Wie hält man´s aus, frag ich mich nur
Wie kann man das ertragen, wie
Er sagt es nicht
Ist er zu stur
Ist da von Reue keine Spur
Schläft man des nachts als Mörder nie

Doch alles, was er sagt und meint
Verwischt, verschwimmt im Zimmer hier
Als er dann vor mir kniet und weint
Als er kein Mörder und kein Feind
Ist selbst er Opfer – *ohne Zier*

Die Zeit verrinnt, ist bald vorbei
Man führt ihn fort
Man faucht ihn an
Noch einmal schaut er – *einerlei*
Die Uhr zeigt nachmittags um 2
Er ist ein Junge doch
Kein Mann

Allein bleib ich im Raum zurück
Steh langsam auf und schau und schweig
An diesem Ort, so fern vom Glück
Begreif ich nichts
Kein einzig´ Stück
Beinah tut er mir sogar leid

Wie seine Opfer – tot, vorbei
So starb er selbst – fort, wegradiert
Sein Leben sinnlos, aus, ein Schrei
Nie wieder Menschsein
Nie mehr frei
Nur noch ein Wesen, das erfriert

Die Leute rufen: „Tod dem Schwein"
„Wozu noch Knast für solchen Dreck"
Ich fühl mich ratlos – muss das sein
Doch wer vergibt
Macht man sich klein
Erfüllt die Todesstraf' den Zweck

Viel später schreib ich den Bericht
Und weiß nicht, wie ich's schreiben kann
Der Regen wäscht das Fensterlicht
Als man im Radio plötzlich spricht:
Er hat erhängt sich
Irgendwann

Familiendrama

Sie lebte gut am Waldesrand
Mit Kindern, Gartenteich und Job
Ein schönes Haus dort, auf dem Land
Jetzt ist sie tot
Was für ein Schock

Man fand sie hinterm Haus
Im Teich
Das Wasser war vom Blut so rot
Sie war erfolgreich
Doch nicht reich
Man schoss sie nieder
In den Tod

Vom Mann war sie schon lang getrennt
Die beiden Kinder noch sehr klein
Den Nachbarn war sie niemals fremd
Sie war sehr nett
Trank manchmal Wein

Doch eines Tages in der Nacht
War da ein Fremder
Wars ein Freund
Hat Zutritt sich zum Haus verschafft
Ein Schuss, kein Schrei
Und ausgeträumt

Man fragte alle Nachbarn aus
Doch keiner hat den Mord vollbracht
Jetzt steht es leer, das kleine Haus
Und dunkel wird's dort in der Nacht

Da fand die Waffe man im See
Daran ein winzig kleines Schild
Als fiel der erste Winterschnee
Hat sich der letzte Fluch erfüllt

Die Schusswaffe war registriert
Auf einen Mann
Den Ehemann
Wohl hat er alle angeschmiert
Er kam und hasste
Schoss sodann

Man nahm ihn fest
Und er gestand
Er wollt die Kinder ganz für sich
Als er die Kleinen nirgends fand
Hat er geschossen
Fürchterlich

Sie war an einem falschen Tag
Am falschen Ort
Zur falschen Stund
Ihr Mann wollt alles, ohne Frag
Er war nicht krank
Und nicht gesund

Er weinte, als er das gestand
Die Kinder kamen schnell ins Heim
Ab jenem Tag, als man sie fand
Sollt´s niemals mehr wie früher sein

Nur eine Meldung im TV
Ein Drama irgendwo im Land
Sie war ´ne Mutter
Eine Frau
Ein Schicksal nur
Am Waldesrand

Fahrstuhlstopp

Im Fahrstuhl zwischen Hoch und Runter
So zwischen zwei Terminen – *kurz*
Da wart´ ich, gar nicht froh und munter
Im Lift, so zwischen Rauf und Runter
Und mancher Witz scheint weit und *schnurz*

Auf einmal stockt der Lift, bleibt stehen
Im Nirgendwo
Ich weiß nicht wo
Wann wird das Ding wohl weitergehen
Ganz plötzlich fängt sich´s an zu drehen
Mir wird´s recht schwindelig und so

Ne alte Frau steht da und wartet
Sie schaut mich an mit starrem Blick
Ich hoff, dass dieser Lift bald startet
Und jene Frau, die seufzt und wartet
Wann endet dieses Missgeschick

Die Alte scheint das wohl zu spüren
Sie sagt: *„Ach Jungchen, du hast Zeit"*
Ich weiß, ich sollt´ mich wohl nicht zieren
Was kann ich hier wohl schon verlieren
So manche Stunden ziehn sich weit

Wir reden über Das und Dieses
Ich lehn mich an die Fahrstuhltür
Wir sprechen über Gutes, Mieses
Im Leben gibt´s so manches Fieses
Im Fahrstuhl zwischen Dort und Hier

Ich schau zur Uhr, muss plötzlich grinsen
Hier drin scheint nichts mehr wichtig, ach
So vieles ging mir in die Binsen
Oft schmeckten nicht mal Mittagslinsen
Und manchmal schien ich kaum noch wach

Die alte Frau nahm meine Hände
„Nehms nicht so schwer, das hilft dir nicht"
In jenem Lift, wo kühl die Wände
Hielt sie voll Güte meine Hände
Es flackerte das Fahrstuhllicht

Ja, da begriff ich, was sie meinte
Ich sollte viel mehr leben noch
Was mich mit dieser Frau vereinte
War der Gedanke
Und ich weinte
Wann ging's im Fahrstuhl runter, hoch

Ein starker Ruck, dann ging es weiter
Recht schnell sprang auf die Fahrstuhltür
Ich sah den Tag, er war so heiter
Und irgendwie schien ich gescheiter
Seit jenem Fahrstuhlstopp all hier

Ich tauchte ein in Stadt und Leben
Oft fiel mir ein der Alten Wort
Von Herz und Seel konnt ich was sehen
Erinnerung an manches Schweben
Im Fahrstuhl zwischen
Hier und Dort

Der Trinker

Irgendwo in jener Stadt
Dort, wo keiner Namen hat
Lebte er wohl irgendwie
Reichtum hatte er noch nie
Lebte er so in den Tag

Eines Tages gegen 10
Blieben alle Uhren stehn
Ja, man warf ihn einfach raus
Job und Arbeit – alles aus
Plötzlich ward die Welt nicht schön

Einsam saß er nun im Dreck
Irgendwo im Straßeneck
Nur der Alkohol war da
In der kleinen Hafenbar
Soff er sich die Sorgen weg

Trank ab jetzt tagein tagaus
So sah jetzt sein Leben aus
Alles sollt im Kreis sich drehn
Er konnt selbst sich nicht verstehn
Alkohol – *sein bester Schmaus*

Und die Sucht hielt ihn ganz fest
Er versoff den letzten Rest
Immer öfter fiel er um
Aller Traum blieb tot und stumm
Weil die Sucht nichts leben lässt

Irgendwann im Krankenhaus
Kam er aus dem Suff mal raus
Für sechs Wochen trocken, clean
Für sechs Wochen wieder Sinn
Wieder Mensch und keine Maus

Ja, er schwor sich klipp und klar:
Nie mehr saufen, wie´s mal war!
Wieder Arbeit, Lebenssinn!
Doch der Wunsch schien schnell dahin
Und es nahte die Gefahr

Ach, er trank so viel, so viel
Ohne Halt und ohne Ziel
Bis sein Traum total zerbrach
Aus die Heimat, Haus und Dach
Und der Regen fiel und fiel

Irgendwann sah er ein Licht
Hörte, wie man zu ihm spricht:
Fürchte dich nicht, komm nur, komm
Ich bin hier und warte schon
Und er fürchtete sich nicht

Warf die Flasche weit von sich
Spürte Kraft im Angesicht
Lief und lief und war schon fort
Einsam blieb sein Heimat-Ort
Nein, die Sucht vergab ihm nicht

Irgendwo in jener Stadt
Dort, wo niemand Namen hat
Hat gelebt er irgendwann
Nein, er war kein reicher Mann
Und vom Baum fällt leis ein Blatt

Sehnsucht nach Glogau

Sehnsucht nach dem „Nicht mehr da"
Ferne Heimat – irgendwo
Alles da, doch nichts ist klar
Und ich friere einfach so

Damals, als wir flohen, ach
Da war Krieg, der Weg so lang
Nirgendwo ein Heimat-Dach
Tausend Ängste – Trauersang

Meine Heimat gibt's nicht mehr
Längst zerschossen und kaputt
Träume sind so endlos leer
Heimatliebe: Tod und Schutt

Tränenmeer am Oderstrand
Glogau einst so stolz und schön
Jene Heimat dort mal stand
Doch sie sollt im Krieg vergehn

Sehnsucht nach dem Heimatland
Tief im Herzen bleibt es mir
Nirgendwo ich Frieden fand
Nur die Ruh ist ewig hier

(Für Mama)

Tunnel

Ein Wind pfeift durch den alten Tunnel
Und dunkel ist's
Mein Gang ist schwer
Hier lädt nichts ein zu einem Bummel
Doch war hier einstmals großer Rummel
Hitlers Germania sollt hierher

Ich geh durch knöchelhohes Wasser
Durch alte Zeiten, die so fern
Erinnerungen
Blass und blasser
Ich seh nicht Mörder, Menschenhasser
Ahn nur ein Volk, das lebte gern

Da blinkt etwas im Lampenlichte
Ein Abzeichen da vor mir liegt
Ein winzig' Kreuz
Ein Stück Geschichte
Wer trug es wohl
Welch' Gesichte
Es überlebte jenen Krieg

Ich lehn mich an die feuchten Steine
Denk mich in jene Zeit zurück
Erahn im Taschenlampenscheine
Die Reichskanzlei, die Siegesmeile
Und Hitlers deutsches Reichstags-Glück

Längst fort die alten Hitler-Schergen
Vorbei auch der Germania-Wahn
Das Deutsche Reich liegt längst in Scherben
Will sich hier unten noch verbergen
Will zeigen, was es nicht mehr kann

Der Wind pfeift durch den kalten Tunnel
Ich steig hinauf in meine Welt
Wohl war's ein ziemlich trister Bummel
Dort unten, wo einst großer Rummel
Mir aus der Hand ein Kreuze fällt

Die Herde

Und die Herde, die zieht weiter
Starker Sturm verweht die Spur
Dieser Winter ist nicht heiter
Und die Herde zieht schon weiter
Schreie hall 'n durch Wald und Flur

Manches Kälbchen friert, ist müde
Bleibt vielleicht schon bald zurück
Es ist kalt und es ist trübe
Doch die Herde wird nicht müde
Kämpft voran sich Stück um Stück

Wölfe harren da am Rande
Haben Hunger immerfort
Doch der Herde wird's nicht bange
Sieht die Wölfe da am Rande
Und zieht immer weiter fort

Doch der Sturm wird immer stärker
Schon bleibt manches Kalb zurück
Auch die Wölfe machen Ärger
Und der Schneesturm wird noch stärker
Bis zum See ists noch ein Stück

Nein, die Wölfe wolln nicht jagen
Nehmen schwache Kälbchen sich
Es ist hart in diesen Tagen
Sehr viel Kraft fehlt da zum Jagen
Winterzeit ist fürchterlich

Doch die Herde zieht schon weiter
Nichts hält sie an einem Ort
Ausgemergelt ihre Leiber
Und die Tiere ziehen weiter
Und sind längst schon wieder fort

Durch den Sturm und durch die Lande
Führt ihr Weg von See zu See
Mancher Wolf wacht da am Rande
Tod, Verderben auch im Sande
Und manch Spur verwischt im Schnee

Eine Frau

Wiedermal den Weg zum Amte
Stolpert sie so gegen 6
Noch ist sie die *Unbekannte*
Stolpert schnell den Weg zum Amte
Das liegt vor ihr links
Dann rechts

Brötchen, Kaffee, diesen lauen
Ein Gespräch kurz auf dem Gang
In die Unterlagen schauen
Wie viel werden sich heut trauen
Und die Zeit scheint ewig lang

Auf dem Stuhl, dem harten, kalten
Nimmt sie Platz, schaut hin und her
Menschen muss sie hier verwalten
Jenen Tag mit Sinn gestalten
Und manch Schicksal wiegt so schwer

Schon kommt rein der erste Kunde
Der sucht Arbeit
Oder nicht
Ziellos starrt er in die Runde
In der Seel klafft ihm 'ne Wunde
Angst sitzt tief ihm im Gesicht

Wut und Hoffnung muss sie kennen
Manchmal Härte auch
Und Mut
Nein, es bleibt kaum Zeit zum Flennen
Manchmal nachts ist Zeit zum Pennen
Oftmals glüht noch *Arbeitswut*

Ja, sie weiß, man liebt sie selten
An dem Ort, wo gar nichts gleich
Jenes Amt der tausend Welten
Wo manch' Regeln kaum noch gelten
Hier wird niemand wirklich reich

Wenn die Kunden dann gegangen
Ordnet sie den Aktenberg
Hier, wo manches unverstanden
Wo sich niemals Menschen fanden
Schaut sie plötzlich recht verklärt

Packt die Tasche und hält inne
Ob sich das mal ändern wird
An der Decke eine Spinne
Leis tropft Regen aus der Rinne
Alles scheint total verkehrt

Sollt sie wirklich einsam bleiben
Haus und Auto
All dies Zeug
Kommen auch mal bessre Zeiten
Ohne Klar- und Ebenheiten
Ohne künstlich-glatter Freud

Doch dann wischt sie sich die Augen
Aus der Haut kommt sie nicht raus
Dieser Traum vom Meer, dem blauen
Schon versunken
Kaum zu glauben
Schnell trinkt sie den Kaffee aus

Stumm nimmt sie vom Eisenhaken
Ihren Mantel
Ihren Schal
Zwischen Mondlicht, Mücken, Schnaken
Wird sie durch den Regen waten
Morgen früh
Und wiedermal

Eine Weihnachtsgeschichte

Ein Weihnachtsabend gegen 3
Das junge Paar sitzt unterm Baum
Ein kleines Kind ist auch dabei
Es ist an Weihnacht gegen 3
Was für ein schöner Weihnachtstraum

Gleich gibt's Geschenke reichlich, satt
Das Kind, gespannt, ist voll von Glück
Der Weihnachtsmann kommt in die Stadt
Und bringt Geschenke, reichlich, satt
Und Papa kennt den Weihnachtstrick

Er geht hinaus und lächelt leis
Und sagt noch schnell: *„Gleich ist's soweit"*
Die Spannung steigt, dem Kind wird's heiß
Der Papa lächelt nur ganz leis
Und so vergeht die Stund, die Zeit

Die Mutter nimmt das Kind zu sich
Und streichelt sacht ihm übers Haar
„Wo bleibt der Papa", fragt sie sich
Und nimmt das Kind ganz sacht zu sich
Der Weihnachtsmann ist noch nicht da

Der Abend geht, längst schläft das Kind
Es hat nach Papa kurz gefragt
Vorm Hause streicht ein eisig' Wind
Die Mutter bracht ins Bett das Kind
Und hofft am Fenster voller Klag

Wo bleibt der Papa, wo der Mann
Warum in dieser Weihnachtsnacht
Lang schaut im Spiegel sie sich an
Wo bleibt nur unser Weihnachtsmann
Hat der sich aus dem Staub gemacht

Am nächsten Morgen klingelts früh
Zwei Polizisten stehn vorm Haus
Sie stelln sich vor und fragen sie
Für manche Nachricht ist's zu früh
So sieht kein Weihnachtsmorgen aus

Man fand den Wagen irgendwo,
Zerschellt an einer Häuserwand
Da war das Glatteis, einfach so,
In einer Straße, irgendwo
Den Toten man erst morgens fand

Die Polizisten gehen schnell
Nach Haus, wo Weihnachtsmusik singt
An jenem Morgen wird's nicht hell
Und mancher Tod kommt eben schnell
Manch' Papa nie Geschenke bringt

Das Kind erwacht so gegen 10
Und fragt nach seinem Papa bald
Die Mutter bleibt im Zimmer stehn
Es ist an Weihnacht, früh um 10
Und in der Wohnung ist's so kalt

Sie nimmt das Kind in ihren Arm
Und drückt es fest ans Mutterherz
„Wolln wir zum Weihnachtsmann jetzt fahrn"
Sie hält das Kind ganz fest im Arm
Und schluckt hinunter ihren Schmerz

Und alle Fragen bleiben fort
Es gibt auch keine Fragen mehr
Wo gestern noch ein schöner Ort,
Bleibt aller Weihnachtszauber fort
Der Weihnachtsmann kommt nimmer mehr

Sie steigt ins Auto mit dem Kind
„Komm lass nach Papa uns jetzt schaun"
Es weht nur eisig kalt ein Wind
Sie fährt davon mit ihrem Kind
Auch draußen steht manch´ Weihnachtsbaum

Man sieht sie rasen übers Land
Es fällt der Schnee so weiß und dicht
Sie nimmt das Kind fest an die Hand
Es ist doch Weihnachten im Land
Die nächste Kurve sieht sie nicht

Dann ward es still – *kein Schnee, kein Wind*
Nur einsam steht ein Weihnachtsbaum
Sie stieg ins Auto mit dem Kind
Und wollt zum Weihnachtsmann geschwind
Nur einmal noch den Weihnachtstraum

Und irgendwo zur Weihnachtszeit,
Da wartet manches Kind verzückt
Auf Papa mit dem Weihnachtskleid
Am Himmel hoch zur Weihnachtszeit
Da sind drei Sterne voll von Glück

Sag mir

Sag mir Bub:
Wo lebst du nur
Überall ist Hass
Ist Krieg
Menschen sind so blind
Sind stur
Sag mir, sag
Wo lebst du nur
Was ist dir noch gut und lieb

Sag mir Bub:
Was ist die Welt
Dummheit, Gier zerstört das Sein
Da, wo nichts mehr bleibt
Nichts hält
Geht zu Grunde diese Welt
Jeder frönt dem schönen Schein

Sag mir Bub:
Wird 's schlimmer noch
Wenn der Mob dies Land regiert
Liebe sinkt ins letzte Loch
Kriminelle leben hoch
Diebe stehlen ungeniert

Sag mir Bub:
Ist's Leben so
Krankt nicht alles, was da ist
Doch ich seh, du lachst
Bist froh
Jugend brennt so lichterloh
Weil sie stark
Voll Träume ist

Veränderung

Im Spiegel eines Abends da
Glaubte ich nicht, was ich sah
Zwei dicke Tränen auf den Wangen
Nach einem Tag, dem schweren, langen

Ich dachte an das ferne Glück
Das fort war, eh ich's sah verzückt
Es floh tagtäglich aus dem Leben
Es wollt nicht bleiben
Es wollt gehen

Stets fragte ich, wieso 's so ging
Warum so schief der Lebenssinn
Doch nie gabs Antwort auf die Fragen
Und alles blieb an allen Tagen

Ich machte sauber, Essen, Bett
Der Tag verging mal gut, mal nett
Doch fehlten da zwei fremde Hände
Die mir gezeigt, was ich noch fände

So oft sah ich manch' fremdes Glück
Und sah mein Pech, mein Missgeschick
Dann bin ich schnell davongegangen
Weil deren Glück ich nicht ertragen

In einer Kirche irgendwann
Sah lieb ein Engelchen mich an
Es schien mir wohl recht klug zu sagen
Ich sollt es jetzt und endlich wagen

Da fuhr in mich hinein ein Blitz
Es zuckte überall – *kein Witz*
Er stieß mich um, wie auch mein Leben
Nie mehr sollt ich an Altem kleben

Und plötzlich ward so vieles klar
Es sollt nicht sein wie es mal war
Ich sollt vielmehr was anders machen
Ich sollt was tun
Sollt endlich lachen

Ach ja, es fanden mich zwei Hände
Die stießen ein die grauen Wände
Und diesmal wars kein böser Trick
Es blieb bei mir
Das große Glück